La Red Evangel

Que ninguno perezca

· ·

Editado por
Rev. Bob Engel
Rev. Dr. Don L. Davis

TUMI Press
3701 East Thirteenth Street North
Wichita, Kansas 67208

La Red Evangel: Que ninguno perezca

© 2017. *The Urban Ministry Institute.* © 2018. Traducido al español.

Todos los derechos reservados. Copiar, redistribuir y/o vender estos materiales, o cualquier transmisión no autorizada, salvo que esté expresamente autorizado por la Ley de Propiedad Intelectual de 1976 o por escrito departe de la editorial es prohibida. Las solicitudes de permiso deben dirigirse por escrito a.

The Urban Ministry Institute
3701 East 13th Street North
Wichita, KS 67208

ISBN: 978-1-62932-314-5

Publicado por *TUMI Press*
Una división de *World Impact, Inc.*

The Urban Ministry Institute es un ministerio de *World Impact, Inc.*

Título original en inglés:
The Evangel Network: That None Should Perish

Coordinador de traducción: Dr. Fernando Argumedo

Todas las citas bíblicas, a menos que se indique de otra forma, son de la Santa Biblia, versión Reina Valera © 1960 Sociedades Bíblicas Unidas. Usada con permiso. Todos los derechos reservados.

Tabla de contenido

Introducción

Evangel significa "buenas nuevas", y ahora, por Jesús, eso es lo que tenemos que dar. Comencemos donde estamos y compartámoslo desde nuestros vecindarios hasta los confines de la tierra.

Sin lugar a dudas, creo que este podría ser uno de los momentos más estratégicos en la vida y la misión de la Iglesia de Jesucristo. En un mundo que se tambalea por los desastres naturales, la rivalidad étnica, el ruido entre las naciones con la amenaza de una guerra nuclear y la confusión general y el caos, parece que estamos en una grave crisis. Mientras los corazones de muchos están entumecidos y frustrados, ansiosos por todas las posibilidades de guerra, hambre, odio y división, el evangelio de Cristo continúa prometiendo esperanza en lugar de desesperación, fe en lugar de temor y vida frente a una cultura de muerte en constante crecimiento. En las sombras sociales del temor y la ansiedad, el discípulo de Jesús puede confiar en la expectativa de un futuro donde el Hijo del Hombre presidirá como Rey para siempre en un cielo y una tierra nuevos, que prosperarán bajo su reinado. ¡Este reino es nuestro futuro y nuestra esperanza!

A raíz de esta esperanza, el Señor resucitado ha encargado a su Iglesia a ir por todo el mundo y predicar las buenas nuevas a todos los pueblos. Estamos a punto de terminar la tarea; la Iglesia se ha comprometido estratégicamente a las grandes naciones del globo desde el tiempo de la ascensión de nuestro Señor y el envío de su Espíritu, y ahora los movimientos agresivos del evangelio están compartiendo las buenas nuevas en todo el mundo. A pesar de este progreso, hay mucho por hacer, y el enfoque más estratégico y fructífero para completar la tarea es la facilitación de movimientos de plantación de iglesias que involucren a sus propios grupos de personas con presentaciones y demostraciones coherentes y convincentes del evangelio. Podemos terminar esta tarea. Necesitamos estar hambrientos, enfocados, decididos y unificados. Todas las asambleas, denominaciones y agencias saludables deben unirse para jugar su parte en estos empujones misionales al final de esta era para alcanzar a los perdidos, especialmente entre aquellos que están más alejados del alcance del evangelio.

La *Red Evangel* es nuestro llamado para que plantadores de iglesias feroces, hambrientos y comprometidos se movilicen para involucrar estratégicamente a los vecindarios no alcanzados en las ciudades de norteamérica y el mundo. Tenemos la intención de capacitar a los obreros espirituales calificados que responderán a nuestro Señor y con valentía ir a los lugares más difíciles, duros e inquebrantables para proclamar el nombre de Jesús y establecer una comunidad del reino dentro de ellos. Estamos reclutando gente con la dedicación de un Juan Knox que quería Escocia o la muerte; necesitamos hombres y mujeres con ese corazón: "Señor, dame este barrio, o moriré". Tal devoción es extrema y costosa, y requerirá que muramos a nuestros métodos, fortaleza e ideas, como dice el adagio: "La gracia es absolutamente gratis, pero le costará todo".

Deliberadamente queremos poner leña seca en incendios ardientes y encender nuevas para inspirar a una nueva generación de plantadores de iglesias urbanas que estén profundamente conmovidos para exaltar al Hijo de Dios en sus ciudades entre los perdidos. Estamos buscando a aquellos cuyos corazones están en llamas, que se agitan en su más santa fe, que no le temen a nada más que a Dios, y están dispuestos a sacrificar cualquier cosa que no sea su dignidad y honor en Cristo. Estamos convencidos de que Dios atesora a los seres humanos, que sus almas tienen un valor inestimable y eterno (es decir, #todaslasalmasimportan), que el tiempo de la invitación de Dios a la vida es corto, y que un gran número de personas están eternamente en peligro de estar separados para siempre de una relación con el Padre. Todas las personas necesitan y merecen escuchar del amor de Dios en Cristo Jesús, nuestro Señor.

Comprometidos con estas verdades, nuestro sincero deseo es que la *Red Evangel* no sea la red "madre" de plantación de iglesias, sino "su mamá" red de plantación de iglesias. Necesitamos estar comprometidos, estrafalarios, feroces, intrépidos y comprometidos hasta el punto de ser acusados de ser imprudentes y extremos cuando se trata de alcanzar a los perdidos. Estamos convencidos de que Dios está uniendo y formando una alianza con algunas de las personas más locas de la tierra, todos los cuales no están dispuestos a que ninguno perezca, sino que todos llegan al conocimiento de la verdad en Jesús.

Francamente, estas convicciones gritan para que seamos inteligentes y astutos en nuestros acercamientos, pero siempre sin miedo y sin vergüenza. Debemos considerar en oración y buscar opciones que, a primera vista, parezcan tontas, incluso suicidas (por ejemplo, plantar una iglesia y un movimiento de Jesús entre la comunidad de ISIS). Esto es simplemente amor al Calvario personificado; el amor de Cristo nos obligará a pedirle a Dios que nos abra puertas (incluso las más cerradas y peligrosas) para que entremos. La plantación de iglesias de este tipo debe ser salvaje, interferente, determinada, creativa. Queremos hacer todo lo posible para contar con un cuadro de guerreros de plantación de iglesias más fieles y dedicados de nuestro tiempo. Queremos ser conocidos por nuestra agresión desnuda, no por nuestros tranquilos cálculos. Estamos buscando unos buenos guerreros, y nos gustaría que se una a nosotros.

Si mi descripción anterior agita cualquier cosa dentro de usted, entonces la *Red Evangel* es para usted. Nuestro compromiso es proporcionarles a los miembros de nuestra alianza la camaradería, las conexiones y la atención necesarias para que juntos podamos estar capacitados para cumplir el llamado de Dios de multiplicar obreros y plantar iglesias saludables en lugares donde aún no se conoce a Jesús. Nuestros recursos y reservas se destinarán deliberadamente a los líderes, movimientos y organizaciones que anhelan y desean alcanzar a los grupos más duros: los individuos llamados poco amables, improbables y menos deseables por quienes murió Cristo. Como tal, oramos para que la *Red Evangel* conspire, se asocie y colabore de todas las formas posibles para desplegar con entusiasmo a los plantadores de iglesias en aquellos lugares que otros movimientos o redes normalmente desprecian o rechazan porque "no valen nuestros recursos o el tiempo". No deseamos ser conocidos como la red de plantación de iglesias más pulida o educada, sino anhelamos ser conocidos como los más escandalosos para Cristo. Como sus tontos, esperamos demostrar audacia, nunca estar avergonzados del evangelio de Cristo, que todavía es poder de Dios para la salvación del judío y el griego (Rom. 1:16).

Lea con oración y pregunte al Señor resucitado de la cosecha, Cristo Jesús nuestro Salvador, qué papel podría desempeñar en este movimiento. Únase a nuestro esfuerzo para desempeñar nuestra parte en la gran comisión de nuestro Señor en este momento crítico. Nuestra oración y esperanza es que Dios nos bendiga y multiplique el impacto de un movimiento determinado para ser orientado hacia el evangelio, de corazón apostólico y carácter valiente, todo para el cumplimiento de la gran comisión entre los pobres en las ciudades del mundo.

La próxima vez que entre a una habitación que nuestra *Red Evangel* sirva como anfitriona, no se deje intimidar ni ofender por la locura de nuestros sueños o la intensidad de nuestras intrigas para tocar lugares que ninguna otra persona está dispuesta a participar. Tenemos la intención de ir, con o sin recursos, con o sin endosos, con o sin favor. Adopte este espíritu nuestro como el suyo, es decir, ese espíritu apostólico del evangelio a las naciones, y aprendamos a ser agentes apostólicos del reino en nuestro tiempo nuevamente. Recuerde lo que está en juego en la proclamación y demostración del evangelio entre los perdidos. Recuerde quién es usted y cuente con nosotros.

Si estas perspectivas y sentimientos resuenan profundamente en usted, entonces sepa que queremos conectarnos con usted, asociarnos con usted y aprender junto con usted. Nos necesitamos unos a otros desesperadamente ahora para convertirnos en parte de un movimiento que apuntará a los lugares difíciles para el Señor. Juntos, podemos movernos unos a otros a medida que descubramos nuevamente cómo nutrir un corazón apostólico. Dígame, ¿cuándo fue la última vez que lloró por los que están bajo el dominio de Satanás, u ofreció todo su tiempo y dinero para ganar una comunidad desamparada y desesperada por Cristo? Este anhelo, este anhelo debe convertirse en el combustible de nuestro movimiento. Esperamos involucrar a los perdidos, equipar a los llamados y buscar que el estandarte de Cristo se levante en lugares que anteriormente se contaban como dominios de oscuridad. La resurrección de Cristo garantiza que el fruto nacerá, en su nombre y para su gloria.

Al comprometer estas ideas, recuerde que este movimiento se forjó en el fuego de la pasión por Cristo, una carga por las almas y la confianza en el poder de Dios para salvar y transformar. Tenemos la intención de ser a la vez inspiradores y proféticos, de ser bíblicos y prácticos, y proporcionar desafíos, así como el estímulo. Corporativamente reconocemos el deber de la Iglesia de escuchar siempre el nuevo llamado de Cristo para ir a las naciones, proclamar el evangelio y demostrar su poder, para ganar a los perdidos y arrebatar almas de las llamas – de la desesperación en esta vida y el juicio eterno próximo. ¿Ha escuchado su llamado?

Millones todavía languidecen en la desesperación y la miseria sin un conocimiento de Cristo, y creemos que todavía somos los administradores de los misterios de Dios, armados con el evangelio que puede liberarlos. Únase a *Evangel* y ayúdenos a descubrir nuevos métodos, modelos y medios para llevar esta palabra de vida a las comunidades quebrantadas y maltratadas de las ciudades de norteamérica y el mundo de la manera más rápida, coherente y persuasiva posible. Dios formó esta red para un momento como este. Unidos, podemos hacer una diferencia para el reino.

"*¡Christus Victor!*" (¡A Cristo sea la victoria!)

Rev. Dr. Don L. Davis
6 de octubre del 2017

CAPÍTULO 1

Código de conducta
Los valores principales de TUMI

El llamado de Dios

> Y sabemos que a los que aman a Dios, todas las cosas les ayudan a bien, esto es, a los que conforme a su propósito son llamados.

> ~ Romanos 8:28

Hacemos todo lo que hacemos con la plena seguridad de que Dios está en este momento llamando, dotando y ungiendo hombres y mujeres en la ciudad para representar sus intereses allí, y estamos convencidos de que estos líderes elegidos de la ciudad serán los recipientes a través de los cuales él avanza en su reino.

El reino de Dios

> Mas buscad primeramente el reino de Dios y su justicia, y todas estas cosas os serán añadidas.

> ~ Mateo 6:33

Estamos agobiados de ver la libertad, la integridad y la justicia del reino de Dios encarnadas, celebradas y proclamadas en las comunidades de la iglesia que muestran visiblemente cómo se ve la "Regla de Dios" cuando la acogen personas que reconocen el señorío de Cristo.

La centralidad de la iglesia

. . . para que si tardo, sepas cómo debes conducirte en la casa de Dios, que es la iglesia del Dios viviente, columna y baluarte de la verdad.

~ 1 Timoteo 3:15

Mantenemos profundamente la convicción de que el ministerio efectivo tiene lugar en el Cuerpo de Cristo, el agente del reino, donde facilitamos la multiplicación de iglesias urbanas saludables y reproductoras, especialmente entre los pobres.

El poder de comunidad

Vosotros, pues, sois el cuerpo de Cristo, y miembros cada uno en particular.

~ 1 Corintios 12:27

Compartimos la pasión de emplear programas innovadores de educación a distancia para crear y equipar una red de centros de capacitación en áreas urbanas que brinden una educación ministerial excelente, asequible y espiritualmente dinámica que sea sensible a la cultura urbana.

La elección de Dios de los humildes

Hermanos míos amados, oíd: ¿No ha elegido Dios a los pobres de este mundo, para que sean ricos en fe y herederos del reino que ha prometido a los que le aman?

~ Santiago 2:5

Poseemos la certeza de que Dios ha elegido a los pobres para que sean ricos en fe y hereden el reino que prometió a quienes lo aman (Santiago 2:5).

El estándar de excelencia

Si, pues, coméis o bebéis, o hacéis otra cosa, hacedlo todo para la gloria de Dios.

~ 1 Corintios 10:31

Nos sentimos atraídos por la creencia de que todo desarrollo de liderazgo efectivo y creíble exige la formalidad y el rigor requeridos de la excelencia disciplinada, con un rotundo rechazo a ser correctivo o de segunda clase.

La explosividad de la multiplicación

Lo que has oído de mí ante muchos testigos, esto encarga a hombres fieles que sean idóneos para enseñar también a otros.

~ 2 Timoteo 2:2

Somos celosos de facilitar y potenciar movimientos de plantación de iglesias urbanas que comparten una espiritualidad común, expresan libertad en la expresión cultural y combinan estratégicamente sus recursos para alcanzar y transformar las ciudades de norteamérica y el mundo.

Zona de descenso
conocida como ZD 25

Definición

Zona de descenso /zo'nuh duh des-cen-so/. Un área específica sobre la cual las tropas, el equipo o los suministros aerotransportados son lanzados desde el aire. También llamado ZD. Diccionario de términos militares y asociados.

DE – Su origen, fuente (autóctono), Santiago 2:5 RVR1960

Hermanos míos amados, oíd: ¿No ha elegido Dios a los pobres de este mundo, para que sean ricos en fe y herederos del reino que ha prometido a los que le aman?

~ Santiago 2:5

PARA – Como destinatario, objetivo ("el menor de estos"), Mt. 25:34-40 RVR1960

Entonces el Rey dirá a los de su derecha: Venid, benditos de mi Padre, heredad el reino preparado para vosotros desde la fundación del mundo. [35] Porque tuve hambre, y me disteis de comer; tuve sed, y me disteis de beber; fui forastero, y me recogisteis; [36] estuve desnudo, y me cubristeis; enfermo, y me visitasteis; en la cárcel, y vinisteis a mí. [37] Entonces los justos le responderán diciendo: Señor, ¿cuándo te vimos hambriento, y te sustentamos, o sediento, y te dimos de beber? [38] ¿Y cuándo te vimos forastero, y te recogimos, o desnudo, y te cubrimos? [39] ¿O cuándo te vimos enfermo, o en la cárcel, y vinimos a ti? [40] Y respondiendo el Rey, les dirá: De cierto os digo que en cuanto lo hicisteis a uno de estos mis hermanos más pequeños, a mí lo hicisteis.

~ Mateo 25:34-40

CAPÍTULO 3

La guerra de los mundos
El panorama

Definición

Guerra /gehr'uh/ **de los mundos.** Un estado de conflicto armado entre mundos.

Según la Biblia, nuestras vidas viven en medio de una guerra espiritual invisible. Una de las cosas más peligrosas que podemos hacer es simplemente ignorar esta realidad.

~ John Dawson, *Taking Our Cities for God*
[Tomando nuestras ciudades para Dios]

Hay dos reinos en conflicto. Uno de estos gobernantes es Dios Soberano Todopoderoso, el Señor de los ejércitos celestiales, cuyo reino reinará sobre todo. El otro es el príncipe del poder de este mundo, el dios de esta era. Su propósito es gobernar y reinar y su prioridad es mantener en la esclavitud a las almas de los hombres al mantener sus mentes cegadas al evangelio de las buenas nuevas de la redención en Jesucristo de Nazaret. Aunque el Rey Jesús ha derrotado a este príncipe, la batalla sigue causando estragos en todo el mundo. C.S. Lewis, con clara perspicacia, dijo: "No hay un terreno neutral en el universo: cada pulgada cuadrada, cada fracción de segundo, es reclamada por Dios y contraatacada por

Satanás". Pero Dios siempre está en movimiento en esta guerra. Su Reino continúa expandiéndose y avanzando en los corazones de hombres y mujeres que fueron atados por el príncipe del mal, liberándolos para llevar sus ciudades de regreso a Dios.

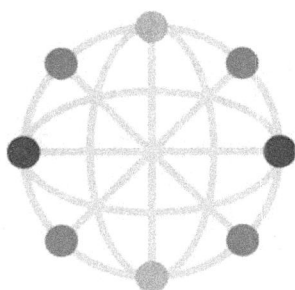

CAPÍTULO 4

La campaña

Definición

> **Campaña** /kam'panya/. En las ciencias militares, el término **campaña militar** se aplica a **planes estratégicos militares importantes a gran escala y larga duración** que incorporan una **serie de operaciones militares** interrelacionadas o batallas que forman una parte distintiva de un conflicto más amplio que a menudo se denomina guerra.

Propósito

La *Red Evangel* es un movimiento global (a gran escala) de iglesias en red comprometidas a facilitar y proporcionar recursos para plantar iglesias saludables y multiplicadoras centradas en Cristo que honren y glorifiquen a Dios y se deleiten en él, especialmente desde y para los pobres, hasta el regreso del Rey (larga duración). Como un movimiento global de iglesias en red nos comprometemos a (series de operaciones interrelacionadas):

1. Una confesión teológica basada en la tutela y transferencia transcultural de la Gran Tradición

2. Una estrategia común (*planes estratégicos significativos*) basada en nuestro compromiso misional guiada por nuestra visión de reclutar, capacitar y liberar a los líderes urbanos que plantarán iglesias y pondrán en marcha movimientos de plantación de iglesias autóctonas, y nuestro discipulado, plantación de iglesias y movimientos de plantación de iglesias expresados en nuestro acróstico PLANT

3. Un conjunto común de prácticas estándar que son prácticas históricas de la iglesia para ser implementadas con sensibilidad cultural y flexibilidad

Confesión teológica	Compromisos estratégicos	Prácticas estándar (requeridas, prácticas históricas eclesiásticas de la Iglesia de Jesús)	Implementación cultural y flexible (Recursos de *TUMI*, consulta)
La Palabra de Dios como iluminada por el Espíritu Santo y expresada en el Credo Niceno y la Declaración de fe de *World Impact* Demostrado al firmar *Un llamado a un antiguo futuro evangélico*	Identidad común: Compartir una visión espiritual (declaración de visión de WI) que conduce al empoderamiento de los pobres urbanos (desde asociaciones saludables hasta movimientos dinámicos) Discipulado, plantación de iglesias y movimientos de plantación de iglesias como se expresa en el acróstico PLANT de *World Impact*	Evangelización	Primaria: El florecimiento de la Biblia Secundaria: Las 5 P's, el camino romano, *Evangecube*, etc.
		Seguimiento	Primaria: Pelea la buena batalla de la fe, Domine la Biblia Secundaria: Siete mandatos de Cristo y otros
		Discipulado	Primaria: Domine la Biblia, Pelea la buena batalla de la fe, El florecimiento de la Biblia Secundaria: Siete comandos básicos y otros
		Liderazgo espiritual y autoridad	Primaria: Currículum Piedra Angular, Serie Fundamentos para el Ministerio, Serie de Talleres Embajadores
		Bautismo y comunión	Primaria: Libro *Koinonía* Secundaria: Serie de manuales de Baker
		Correctamente dividiendo la Palabra de Dios	Primaria: Calendario anual de la iglesia de TUMI, anuario de TUMI Secundaria: Biblia Discovery
		Compañerismo y comunidad (culto, oración, disciplinas, matrimonio, funeral, ordenanza, comisión)	Primaria: anuario de TUMI; Libro *Koinonía* Secundaria: Serie de manuales de Baker
		Equipos de plantación de iglesias y modelos de iglesias	Escuela de plantación de iglesias urbanas *Evangel*

Explicaciones

I. Nuestra confesión teológica

Somos sin avergonzarnos evangélicos (Evangelio, Cristo y Palabra centrada). Afirmamos sin avergonzarnos la *Gran Tradición* de la Iglesia única, santa, apostólica y católica. Somos aquellos que nos unimos en torno a esas verdades bíblicas inerrantes que la Iglesia cristiana histórica ha creído durante los últimos dos mil años, sin importar la tradición. Esto es expresado por el Canon Vicentino, "aquello que ha sido creído en todas partes, siempre y por todos". La Iglesia no solo debe creer en ella, sino que también debe haber confesado explícitamente su centralidad. Nos comprometemos a incorporar, articular y contextualizar la confesión teológica y las prácticas estratégicas de la Iglesia en nuestras vidas como pueblo de Dios en la ciudad. Debemos SER la Iglesia antes de plantar la Iglesia (vea acróstico PLANT en las páginas 29-30).

A. Firma de convocatoria de un llamado a un futuro antiguo

B. Abrazar nuestra confesión teológica, compromisos estratégicos, y demostrar una expresión contextualizada de éstos en la teología, la adoración, la formación espiritual y el testimonio. Estos modelos contextualizados nos permitirán y a nuestros socios comprender y seguir la confesión teológica y las prácticas estándar para que los líderes reciban capacitación uniforme.

II. Nuestros compromisos estratégicos son fundamentales (es decir, el ADN), no meramente metodológicos

A. Al igual que en las familias, los padres dan a luz a niños, los crían en sus casas y los preparan para ser padres. Ellos llevan nuestro nombre y carácter. Ellos comparten nuestra biología y nutrición. Esto muestra la intimidad necesaria para crear y sostener un movimiento de plantación de iglesias.

B. Creemos que la auténtica espiritualidad dará origen a una auténtica espiritualidad, es decir, quiénes somos como plantadores de iglesias y discípulos se reproducirán inevitablemente en nuestros conversos y nuevas asambleas. Esperamos, por lo tanto, que las congregaciones que plantemos compartan el mismo amor por Cristo que nuestros equipos de plantación de iglesias autorizadas, adoptando la misma misión, visión, doctrina y disciplinas espirituales que apreciamos y encarnamos. Reproducimos después de la clase, y no vemos ninguna distinción entre la formación espiritual de la nueva congregación y la del equipo enviado.

C. Nuestro ADN es auto-muerte; el costo del discipulado

III. Nuestra conexión relacional

Evangel identificará, equipará y liberará a los *líderes autóctonos carismáticos* que son llamados por el Espíritu para engendrar y encabezar nuevos movimientos de plantación de iglesias entre los más pobres entre los pobres. Les proporcionaremos los recursos, la consulta y la colaboración que permitirán a estos movimientos multiplicar tantas iglesias saludables entre los alcanzados lo más rápido posible.

IV. Nuestra identidad interdenominacional mientras desarrollamos lo común para facilitar la estandarización y la reproducibilidad

Nos asociaremos con tradiciones que hacen las cosas de manera diferente que nosotros. Promoveremos los movimientos de plantación de iglesias, no solamente uno.

V. Nuestro movimiento abierto y voluntario

La Red de plantación de iglesias *Evangel* es un movimiento abierto y voluntario. Es el enfoque de *World Impact* para "iglesias que nacen" y que abarca esas iglesias bajo la Asociación de Iglesias Urbanas. Mantienen su forma de hacer iglesia (distintivo, gobierno, organización política, formato, etc.) pero se une al enfoque del movimiento de la *Red Evangel* de la multiplicación de iglesias entre los pobres urbanos. Estamos comprometidos con los recursos de la gran comisión al equipar a los líderes y potenciar movimientos. Le ayudamos a usted y a sus plantadores a plantar iglesias entre los pobres urbanos. La *Red Evangel* nos permite saber quiénes "son nuestros".

VI. Nuestra misión

Estamos comprometidos a facilitar los movimientos de plantación de iglesias mediante la evangelización, el equipamiento y el empoderamiento de los pobres urbanos sin iglesia de norteamérica.

VII. Nuestra visión

Nuestra visión es identificar, equipar y liberar líderes urbanos autóctonos que plantarán iglesias y facilitarán los movimientos de plantación de iglesias desde y para los pobres.

VIII. El objetivo de la *Red Evangel*

100/300/2021 – 300 iglesias plantadas en todo el mundo para el 2021 con al menos una iglesia plantada en cada una de las 100 ciudades más pobres de Estados Unidos con más de 200,000 habitantes.

XI. Nuestra declaración final global

El evangelio del reino proclamado por los pobres urbanos empoderados a cada grupo de personas a través de iglesias y movimientos autóctonos.

CAPÍTULO 5

Plan de batalla
Establecimiento de puestos de avanzada del reino en territorio ocupado por los enemigos (PLANT)

Definición

Plan de batalla /plan de ba-ta'l-ya/. La estrategia para ser utilizada en un compromiso militar; el plan para lograr una meta o enfrentar un problema o una situación difícil.

La Iglesia no existe más que para atraer a los hombres a Cristo, para hacerlos pequeños cristos. Si no están haciendo eso, todas las catedrales, el clero, las misiones, los sermones, incluso la Biblia misma, son simplemente una pérdida de tiempo. Dios se hizo hombre sin ningún otro propósito. Incluso es dudoso, ya sabe, si todo el universo fue creado para cualquier otro propósito.

~ CS Lewis, *Mere Christianity*
[Mero cristianismo]

El Plan de batalla de la *Red Evangel* se centra en dos iniciativas:

1. La Escuela de plantación de iglesias urbanas *Evangel*, y
2. La Escuela de plantación de iglesias urbanas *Evangel*, Entrenamiento de decanos

Como una red global de iglesias comprometidas con la gran comisión, identificaremos, equiparemos y liberaremos a cientos de miles de plantadores carismáticos de iglesias urbanas llamados, y dotados para llegar a más de cinco mil millones de almas atadas y encadenadas espiritualmente en el reino de las tinieblas.

Iniciativa 1: La Escuela de plantación de iglesias urbanas *Evangel*

La Escuela de plantación de iglesias urbanas *Evangel* evalúa, planifica estratégicamente, entrena y provee recursos a los plantadores para entrar en las comunidades más pobres de los pobres con el poder del evangelio para establecer un puesto de avanzada del reino de Dios que conduzca a la liberación espiritual de las almas.

Iniciativa 2: La Escuela de plantación de iglesias urbanas *Evangel*, Entrenamiento de decanos

La Escuela de plantación de iglesias urbanas *Evangel*, el entrenamiento de decanos, evalúa, equipa, certifica, comisiona y provee recursos a los decanos para albergar una Escuela de plantación de iglesias urbanas *Evangel* en su contexto.

Los 10 principios que guían nuestros esfuerzos de plantación de iglesias

1. Jesús es el Señor (Mt. 9:37-38)
2. Evangelizar, equipar y capacitar a las personas no alcanzadas para alcanzar a la gente (1 Tes. 1:6-8)
3. Ser inclusivo: Quien quiera pueda venir (Rom. 10:12)
4. Sea culturalmente neutral: Venga como usted es (Col. 3:11)
5. Evite una mentalidad de fortaleza (Hch. 1:8)
6. Continúe evangelizando para evitar el estancamiento (Rom. 1:16-17)
7. Cruce barreras raciales, de clase, de género y de idioma
8. Respete el dominio de la cultura receptora

9. Evite la dependencia (Ef. 4:11-16)

10. Piense reproductivamente (2 Tim. 2:2; Fil. 1:18)

Nuestra visión espiritual compartida para identificar, equipar y liberar líderes autóctonos para plantar iglesias y facilitar movimientos de plantación de iglesias como se expresa en el acróstico PLANT de *World Impact*.

Acróstico PLANT de *World Impact*
Proceso de planificación estratégica

Preparar: Ser la Iglesia *"Pablo y Silas estaban orando y cantando himnos y los otros prisioneros estaban escuchando".*	1. Ore. 2. Realice estudios demográficos y etnográficos para seleccionar un área o población objetivo. 3. Forme un equipo de plantación de iglesia, que es la iglesia inicial a la cual los creyentes de la comunidad puedan unirse. 4. Seleccione métodos reproducibles para implementar prácticas estándar de la iglesia (por ejemplo, herramientas de evangelización, materiales de seguimiento, orden del culto). 5. Inicia la discusión *Evangel*.
Lanzar: Invite a otros a unirse *"Y el Señor añada cada día a los que habían de ser salvos".*	1. Reclute y capacite voluntarios. 2. Invite a otros a unirse a la iglesia. 3. Realice evangelización para agregar a la iglesia existente.

Agrupar: **Entrene a otros** **para ser la iglesia** *"No dejemos de* *reunirnos juntos".*	1. Forme grupos células y/o estudios bíblicos para dar seguimiento y discipule a los nuevos creyentes, continúe la evangelización e identifique y entrene a los líderes emergentes. 2. Consolide los grupos en un cuerpo más grande para el culto corporativo, instrucción y compañerismo. 3. Anuncie al vecindario el comienzo del culto público, la instrucción y el compañerismo.
Nutrir: **Entrene a otros** **para que sirvan** *"Cada uno debe* *usar cualquier don* *que haya recibido* *para servir a los* *demás".*	1. Desarrolle el discipulado individual y grupal. 2. Dé a los individuos papeles para ejercer sus dones en la iglesia. 3. Observe las áreas de fructificación; dé más responsabilidad a aquellos que son fieles (diáconos, ancianos, plantadores de iglesias).
Transicionar: **Capacite a otros** **para dirigir** *"Lo que has oído de* *mí, esto encarga a* *hombres que sean* *fieles para enseñar* *también a otros".*	1. Comisione a líderes fieles autóctonos para que sean ancianos y pastores. 2. Comisione a la iglesia para que se autogobierne, se sostenga a sí misma y se auto-reproduzca. 3. Viva plenamente en su conexión relacional con su movimiento, denominación y/o asociación. 4. Busque la guía de Dios mientras considera los siguientes pasos para reproducir una nueva iglesia/multiplicación.

Acróstico PLANT de *World Impact*
Explicaciones teológicas

I. **P**reparar: Una iglesia que reproduzca iglesias "de una especie"

   A. Nuestra identidad se basa en *la tutela y transferencia transcultural* de la Gran Tradición, que protege contra la herejía, el sectarismo, el sincretismo, el cisma y el pragmatismo. Una iglesia que nace de una iglesia existente (tenemos que ser la iglesia antes de poder plantar la iglesia). Nos reproducimos después de nuestro propio tipo. No comenzamos iglesias *ex nihilo* (de la nada), sino de otras iglesias. Tenemos un enlace orgánico de iglesia a iglesia de nuevo hasta Pentecostés; a los Apóstoles; a Israel; a la Trinidad. La comunidad ha existido eternamente y somos parte de esa corriente.

   B. La "P" de PLANT reconoce que la iglesia existe tan pronto como se forma el equipo. El equipo de Pablo *era* la iglesia en Filipos antes de que la casa de Lidia se uniera a ellos. El lanzamiento se suma a la iglesia existente.

II. **L**anzar y **A**grupar: Líder apostólico llamado y dotado

   A. Impulsado por la gran comisión (**Lanzar**)

      1. A través de una proclamación valiente e intransigente del evangelio de Jesucristo y su reino que llama a las personas al arrepentimiento y a la conversión

2. Un enfoque disciplinado para equipar a los conversos para convertirse en discípulos de Jesucristo

3. Un alto nivel de desarrollo de liderazgo para el cuidado, protección y crecimiento de la Iglesia

4. Una creencia inquebrantable de que la Iglesia ha sido facultada para multiplicarse (Gén. 9:7) para que cada tribu, lengua, pueblo y nación sean ". . . llenos del conocimiento de la gloria del Señor como las aguas cubren el mar" (Hab. 2:14)

B. Estilo de vida del Gran Mandamiento (**Agrupar**)

1. Como un compromiso de obediencia a Jesucristo el Señor (Juan 14:15, 23)

2. Como una demostración al mundo de que somos seguidores de Jesucristo (Juan 13:35)

3. Un amor y compromiso eternos para avanzar el reino de Dios entre los pobres a través de cuatro respuestas fundamentales:

   a. El respeto

   b. Amor, compasión y justicia

   c. Predicar el Evangelio

   d. Esperar grandes cosas

III. **Nutrir: Un campo de entrenamiento para el liderazgo**

    A. Los futuros líderes de la iglesia observan y practican sus habilidades de desarrollo en una iglesia con personas, identidades y estructuras reales, bajo un liderazgo que garantiza la coherencia de la práctica.

    B. Los líderes deben desarrollarse en el contexto de la comunidad.

    C. Los líderes deben ser capaces de defender la Tradición Apostólica.

        1. TUMI facilita el desarrollo del liderazgo a través de *Capstone* [Currículo Piedra Angular] y otros planes de estudios.

IV. **Transicionar: Los compromisos comunes (confesión teológica, compromisos estratégicos, prácticas estándar) que capacitan a los líderes a plantar iglesias y facilitar los movimientos de plantación de iglesias**

    A. Estos se replicarán de una iglesia a otra, por ej. Cuando un líder emergente aprende cómo servir la Santa Cena en la iglesia madre, él sabe cómo dirigirla en la plantación de la iglesia hija.

    B. Las estructuras (comprensión teológica y aplicación práctica de las *prácticas estándar*) deben diseñarse para facilitar la capacitación de líderes y exportarse a las nuevas iglesias. Las estructuras facilitan y permiten la innovación.

C. Los plantadores de iglesias se liberan de reinventar las estructuras localmente al conectarse a las estructuras existentes.

D. Asociación de iglesias urbanas

1. Las iglesias de la *Red Evangel* ubicadas en proximidad entre sí se reúnen para tener compañerismo, recursos y misiones (Manual de la AIU).

2. La *Red Evangel* hará todo lo posible para garantizar que cada congregación miembro esté sólidamente conectada a otras asambleas saludables de fe, ya sea en asociación, en la tradición y comunión compartida, o afiliación y relación con una denominación o movimiento eclesiástico.

CAPÍTULO 6

Operaciones conjuntas

Definición

> Operaciones conjuntas /opera'ci-on-es conjuntas/. La guerra conjunta es, en esencia, una forma de guerra de armas combinada a mayor escala, nacional, en la que las fuerzas complementarias del ejército, la marina, fuerza aérea y las fuerzas especiales de un estado deben trabajar juntas en operaciones conjuntas, en lugar de planificar y ejecutar operaciones militares separadas la una de la otra.

La *Red Evangel* trabaja agresiva e intencionalmente para participar en esfuerzos conjuntos de evangelización, discipulado y plantación de iglesias entre los pobres urbanos con aquellos que se adhieren a nuestra *confesión teológica*, nuestro compromiso estratégico y nuestras *prácticas estándar*. Funcionaremos bajo la bandera de un Señor, una fe y un bautismo en el servicio personal, la oración, los recursos para la misión (evangelizar, discipular, plantar iglesias), el intercambio de puntos de vista y el uso de servicios técnicos.

Se ha dicho que el secreto de la guerra radica en las comunicaciones. La *Red Evangel* será un conducto de comunicación a través de las redes sociales y el portal cibernético a los miembros nacionales y globales de la *Red Evangel* para la oración y la diseminación de información.

CAPÍTULO 7

Nuestro arsenal/ municiones/beneficios

Definición

Arsenal /*arse'*-nal/. Una variedad de recursos disponibles para un cierto propósito.

Recursos para la gran comisión: Los tres contextos de los recursos y socios de TUMI (*consulte las páginas siguientes para obtener más información*)

Contextos de recursos y asociación	Concepción clave
Contexto uno El llamado único para hacer discípulos de Cristo	La gran comisión
Contexto dos Los dos principales agentes del reino muestran: Movimientos y congregaciones	*Movimiento*: Una compañía discreta en el ejército del reino de Dios *Congregación*: Un pelotón, conectado a una empresa en particular
Contexto tres Las tres etapas de la formación espiritual: Evangelización, discipulado y comisión	*Evangelización*: Culturalmente propicio, efectivo *Discipulado*: Proceso continuo de integración de un creyente bautizado en la vida de la iglesia *Comisión*: Identificar, equipar y liberar líderes cristianos urbanos empoderados

Recursos para la gran comisión:
Los tres contextos de los recursos y socios de TUMI

Rev. Dr. Don L. Davis • Visite *www.tumi.org* para obtener más información/recursos.

Contextos de recursos y asociación	Resumen	Concepción clave
Contexto uno El llamado único para hacer discípulos de Cristo: La gran comisión	Mateo 28:18-20; Marcos 16:15-16; Lucas 24:44-48; Juan 20:21-23	La gran comisión es la encargada de alcanzar a la gran cantidad de almas condenadas en peligro eterno con el evangelio de salvación y transformación tan auténtica y rápidamente como sea posible entre todos los pueblos.
Contexto dos Los dos agentes principales de visualización del reino: Movimientos y congregaciones	1 Tim. 3:15-16	
Movimientos, denominaciones, organizaciones misioneras, ministerios del evangelio	La "Compañía de los comprometidos" de Trueblood; la unidad básica de visualización del reino y testigo – un movimiento creíble de la iglesia, plantando iglesias dentro de una gente particular y localidad	Una compañía discreta en el ejército del reino de Dios, creada por el Espíritu para representar al reino en un lugar y una población únicos, particulares y discernibles
Congregaciones locales (asambleas dirigidas pastoralmente por seguidores de Cristo)	Puesto de avanzada local concreto del reino en un lugar específico, barrio, bajo los auspicios, instrucción y autoridad de un movimiento creíble de la iglesia	Un pelotón, conectado a una compañía en particular, levantado por el Espíritu para representar al reino en el espíritu y el nombre de la compañía, para involucrar a la gente y ayudarlos a formarse según las tres etapas de la formación espiritual en una asamblea local

Imagen bíblica	Sugerencias de recursos TUMI	Personal de WI y papeles de los asociados
Obreros en el campo de cosecha	Todos los recursos de TUMI se conectan con el cumplimiento del encargo de la gran comisión de hacer discípulos a todas las naciones (es decir, el sacerdocio universal de los creyentes)	El personal de *World Impact* y Asociados se desempeñan como especialistas de área, expertos en capacitación y derivación de líderes e iglesias por necesidad, por edad, por proceso o por recurso)
El papel de las tribus en Israel, es decir, las tribus particulares de la nación singular (por ejemplo, las iglesias de Macedonia	**Nota: Los recursos y las consultas de TUMI están informados por modelos bíblicos y analogías de nacimiento, crecimiento, madurez y fecundidad (pensamiento sistémico) de nuestra conversión y llamado.**	**Nota: El personal de WI y asociados tienen la responsabilidad de identificar, equipar y liberar a los líderes cristianos urbanos para engendrar y fortalecer movimientos y congregaciones autóctonas para cumplir con la gran comisión.**
El papel de los clanes dentro de las tribus de la nación, reuniones específicas por sangre y lealtad (por ejemplo, la casa de David) (por ejemplo, la iglesia de Filipos)		

Recursos para la gran comisión:
Los tres contextos de los recursos y socios de TUMI

Contextos de recursos y asociación	Resumen	Concepción clave
Contexto tres Las tres etapas de la formación espiritual: Evangelización, discipulado y comisión	Ef. 4:9-15; Col. 1:28-29	
De buscador sincero a creyente bautizado Comunicando las buenas nuevas a corazones abiertos	Comunicación creíble de las buenas nuevas que llevan al arrepentimiento y confesión de Cristo, y el bautismo, conectado a una asamblea local y su vida juntos	Evangelización culturalmente propicia y efectiva (compartir las buenas nuevas) del amor de Dios en Cristo que resulta en la fe salvadora y el bautismo en conexión con una auténtica asamblea de seguidores de Cristo bajo el cuidado pastoral
De creyente bautizado a discípulo maduro/miembro del cuerpo Equipando a los creyentes bautizados para vivir la vida cristiana en la comunidad del reino	Incorporación de un creyente bautizado en una relación oficial, formal y genuina con una congregación local, bajo cuidado pastoral y supervisión, integrado en su vida y testimonio	Proceso continuo de integración de un creyente bautizado en la vida y el testimonio de una iglesia local, involucrando nutrir la formación espiritual, la adoración significativa, el compañerismo dinámico y el testimonio espiritual a las personas dentro de su red *oikos* de familia, amigos y asociados
De discípulo maduro/miembro del cuerpo a ministro comisionado Discípulos maduros comisionados por la imposición de manos del pastor y los ancianos para involucrarse en alcance, ministerio y testimonio a aquellos dentro de sus **oikos** y su llamado Clero: clase formal/categoría de autoridad pastoral oficial certificada por la congregación o el movimiento Ministro laico: Comisionar y soltar discípulos maduros para servir como embajadores en sus respectivos contextos, respaldados con oración, autoridad y recursos de su asamblea	Permitir que los crecientes y discípulos maduros/ miembros del cuerpo descubran sus dones y encuentren oportunidades para servir como obreros en su propio y único campo de *oikos* dirigido por el Espíritu Santo y/o su llamado específico al ministerio	Identificar, equipar y liberar líderes cristianos urbanos empoderados para ministrar y ser embajadores de Cristo en su contexto dirigido por el Espíritu (*Sitz im leben*), es decir, su círculo familiar, amigos y asociados, y a su grupo específico llamado a testificar (por ejemplo, El llamado de Pablo a los gentiles)

Visite *www.tumi.org* para obtener más información/recursos.

Imagen bíblica	Sugerencias de recursos TUMI	Personal de WI y papeles de los asociados
El eunuco etíope, Hechos 8	Pelea la buena batalla de la fe (PBBF) La historia más increíble jamás contada, el florecimiento de la Biblia, Recursos de oración ¡Levántese Dios! (LD), Producciones TUMI, etc.	Entrenar a otros para evangelizar y dar seguimiento a los nuevos creyentes
Los creyentes de Tesalónica, 1 y 2 Tes.	PBBF, La Empresa Heroica, Jesús recortado de la imagen, Raíces Sagradas (taller, libro y recursos), Calendario y anuario de la iglesia, cursos selectos de Fundamentos, Capítulos y red SIAFU, cursos selectos de talleres Embajadores, La búsqueda del peregrino, módulos selectos de Capstone, Recursos de oración LD, Producciones TUMI, etc.	Entrenamiento en cómo discipular, uno a uno, en grupo pequeño, conectarse con otros creyentes en la comunidad, enseñar y proveer sólido discípulos crecientes bajo pastoreo
Timoteo, 1 y 2 Tim.	*Capstone* [Currículo Piedra Angular], serie de talleres Embajadores, Taller Onésimo, Recursos de oración LD, Escuela de plantación de iglesias *Evangel*, Producciones TUMI, etc.	Aprendizaje de líderes emergentes en papeles y funciones particulares para comenzar nuevos ministerios orientados hacia el reino y fortalecer los existentes. Proporcionamos los recursos y la forma de establecer, ejecutar y desarrollar nuevos ministerios orientados al reino que finalmente demuestren la libertad, integridad y justicia del reino en y entre los pobres, los barrios en riesgo y las familias (Mateo 13:23)
TUMI trabaja con movimientos y congregaciones para establecer sus propios procesos de credencialización que les permitan certificar agentes oficiales para el ministerio		

Apéndice

El Credo Niceno con apoyo bíblico
The Urban Ministry Institute

Creemos en un solo Dios,
> *(Dt. 6:4-5; Mc. 12:29, 1 Cor. 8:6)*
Padre Todopoderoso,
> *(Gn. 17:1; Dn. 4:35; Mt. 6:9; Ef. 4:6; Ap. 1:8)*
Creador del cielo, la tierra
> *(Gn. 1:1; Is. 40:28; Ap. 10:6)*
y de todas las cosas visibles e invisibles.
> *(Sal. 148; Rom. 11:36; Ap. 4:11)*

Creemos en un solo Señor, Jesucristo, el Hijo unigénito de Dios,
concebido del Padre antes de todos los siglos: Dios de Dios,
Luz de la Luz, Dios verdadero de Dios verdadero,
Engendrado, no creado, de la misma esencia del Padre,
> *(Jn. 1:1-2, 3:18, 8:58, 14:9-10, 20:28; Col. 1:15, 7; Heb. 1:3-6)*
por quien todo fue hecho.
> *(Jn. 1:3; Col. 1:16)*

Quien por nosotros los hombres, bajó del cielo para nuestra
salvación y por obra del Espíritu Santo, se encarnó en la
virgen María, y se hizo hombre.
> *(Mt. 1:20-23; Jn. 1:14, 6:38; Lc. 19:10)*
Por nuestra causa fue crucificado en tiempos de Poncio
Pilato, padeció y fue sepultado.
> *(Mt. 27:1-2; Mc. 15:24-39, 43-47; Hch. 13:29; Rom. 5:8;*
> *Heb. 2:10; 13:12)*

Resucitó al tercer día, según las Escrituras,
   (Mc. 16:5-7; Lc. 24:6-8; Hch. 1:3; Rom. 6:9, 10:9; 2 Ti. 2:8)
ascendió al cielo y está sentado a la derecha del Padre.
   (Mc. 16:19; Ef. 1:19-20)
Él vendrá de nuevo con gloria, para juzgar a los vivos y a los muertos, y su Reino no tendrá fin.
   (Is. 9:7; Mt. 24:30; Jn. 5:22; Hch. 1:11, 17:31; Rom. 14:9; 2 Cor. 5:10; 2 Tim. 4:1)

Creemos en el Espíritu Santo, Señor y dador de vida,
   (Gn. 1:1-2; Job 33:4; Sal. 104:30, 139:7-8; Lc. 4:18-19; Jn. 3:5-6; Hch. 1:1-2; 1 Cor. 2:11; Ap. 3:22)
quien procede del Padre y del Hijo,
   (Jn. 14:16-18, 26; 15:26, 20:22)
y juntamente con el Padre y el Hijo recibe la misma adoración y gloria,
   (Is. 6:3; Mt. 28:19; 2 Cor. 13:14; Ap. 4:8)
quien también habló por los profetas.
   (Nm. 11:29; Miq. 3:8; Hch. 2:17-18; 2 Pe. 1:21)

Creemos en la Iglesia, que es una, santa, universal y apostólica.
   (Mt. 16.18; Ef. 5.25-28; 1 Cor. 1.2; 10.17; 1 Tim. 3.15; Ap. 7.9)

Reconocemos un solo bautismo para el perdón de los pecados,
   (Hch. 22.16; 1 Pe. 3.21; Ef. 4.4-5)
Esperamos la resurrección de los muertos y la vida del mundo futuro.
   (Is. 11.6-10; Miq. 4.1-7; Lc. 18.29-30; Ap. 21.1-5; 21.22-22.5)
Amén.

El Credo Niceno con apoyo bíblico – Versículos para memorizar

Abajo hay versículos sugeridos para memorizar, uno para cada
sección del Credo.

Padre
Ap. 4:11 – Señor, digno eres de recibir la gloria y la honra y el
poder; porque tú creaste todas las cosas, y por tu voluntad
existen y fueron creadas.

Hijo
Jn. 1:1 – En el principio era el Verbo, y el Verbo era con Dios, y
el Verbo era Dios.

La misión del Hijo
1 Cor. 15:3-5 – Porque primeramente os he enseñado lo que
asimismo recibí: Que Cristo murió por nuestros pecados,
conforme a las Escrituras; y que fue sepultado, y que resucitó al
tercer día, conforme a las Escrituras; y que apareció a Cefas, y
después a los doce.

Espíritu Santo
Rom. 8:11 – Y si el Espíritu de aquel que levantó de los muertos
a Jesús mora en vosotros, el que levantó de los muertos a Cristo
Jesús vivificará también vuestros cuerpos mortales por su
Espíritu que mora en vosotros.

La Iglesia
1 Pe. 2:9 – Mas vosotros sois linaje escogido, real sacerdocio,
nación santa, pueblo adquirido por Dios, para que anunciéis las
virtudes de aquel que os llamó de las tinieblas a su luz
admirable.

Nuestra esperanza

1 Tes. 4:16-17 – Porque el Señor mismo con voz de mando, con voz de arcángel, y con trompeta de Dios, descenderá del cielo; y los muertos en Cristo resucitarán primero. Luego nosotros los que vivimos, los que hayamos quedado, seremos arrebatados juntamente con ellos en las nubes para recibir al Señor en el aire, y así estaremos siempre con el Señor.

www.ingramcontent.com/pod-product-compliance
Lightning Source LLC
Chambersburg PA
CBHW071937020426
42331CB00010B/2910